* A LA CARTA *

Rec
Vegetarianas

Chantal Duroy

TODOLIBRO

Pimientos marinados

Preparación: 45 minutos
Marinado: 24 horas
Para 4 personas

Ingredientes:

1 pimiento rojo, 1 amarillo y 1 verde
6 dientes de ajo
3 huevos cocidos
20 aceitunas negras o verdes
8 cucharadas de vinagre
10 cucharadas de aceite de oliva virgen
sal y pimienta recién molida

1. Cortar los pimientos por la mitad y meterlos en el horno a temperatura fuerte hasta que la piel se abra y se desprenda. Limpiarlos bien y cortarlos en tiras de 4 cm de ancho. Disponer las tiras en una fuente ligeramente honda.
2. Picar los ajos muy finos y machacarlos en una fuente honda. Añadir el aceite de oliva y el vinagre. Salpimentar ligeramente y mezclar. Aplastar los huevos cocidos con un tenedor. Deshuesar las aceitunas y picarlas también. Agregarlas a los huevos e incorporar el conjunto a la marinada.
3. Verter la marinada sobre los pimientos, cubrir la fuente con un paño y dejar marinar un día en un lugar fresco. Pasado este tiempo, retirar los pimientos de la marinada y servirlos con pan tostado caliente o patatas cocidas con piel y mantequilla de ajo.

Tomates rellenos

Preparación: 25 minutos
Para 4 personas

Ingredientes:

8 tomates grandes, 2 patatas cocidas
4 hojas grandes de lechuga
4 huevos cocidos
4 rodajas de mozzarella (del tamaño de una cuchara sopera)
1/2 cucharada de tomate concentrado
1 cucharada de vinagre de vino tinto
1 cucharada de aceite de oliva
3 cucharadas de piñones
8 hojas de albahaca
sal y pimienta negra recién molida

1. Lavar los tomates, cortar un pequeño «sombrero» en la parte del pedúnculo y reservarlo. Retirar la pulpa con una cuchara, picarla muy fina, ponerla en un cuenco y salpimentar. Añadir el tomate concentrado.
2. Aplastar los huevos cocidos con un tenedor. Lavar la lechuga y cortarla en tiras muy finas. Hacer lo mismo con las hojas de albahaca. Cortar la mozzarella y las patatas en dados. Mezclar la albahaca, los piñones, el aceite de oliva y el vinagre. Incorporar los dados de mozzarella y de patata.
3. Rellenar los tomates con la mezcla anterior y cubrirlos con el «sombrero». Distribuir la lechuga en los platos y disponer un tomate relleno en el centro de cada plato. Servir con pan y mantequilla de ajo.

Derecha: Tomates rellenos

Ensalada de queso de cabra caliente

Preparación: 30 minutos
Para 4 personas

Ingredientes:

*400 g de verdura para ensalada variada
   (lechuga, escarola, hoja de roble, etc.)
4 quesos de cabra que no estén blandos
1 cebolla pequeña, 1 diente de ajo
2 cucharadas de mostaza
un poco de vinagre de vino tinto
1 dl de aceite de nuez o de oliva
hojas de albahaca
4 hojas de laurel
1 manojo de perifollo
unas ramitas de cebollino
1 ramita de tomillo
1 ramita de estragón
1 ramita de romero
sal y pimienta recién molida*

1. Lavar las hojas de verdura para ensalada, cortarlas en pedazos pequeños y distribuirlas en los platos.
2. Hacer una vinagreta con la mostaza, el aceite, el vinagre, un poquito de ajo machacado, la cebolla picada, la albahaca picada muy fina, el cebollino picado, un poco de pimienta y sal.
3. Dorar los quesos de cabra en el horno con el grill encendido.
4. Disponer un queso sobre cada ensalada, rociar con la vinagreta y espolvorear con perifollo, estragón, tomillo y romero picados muy finos.

Ensalada de nueces y roquefort

Preparación: 25 minutos
Para 4 personas

Ingredientes:

*400 g de verdura para ensalada variada
   (lechuga, escarola u otras variedades)
180 g de roquefort
150 g de nueces
10 aceitunas verdes deshuesadas
1 cucharada de zumo de limón
1/2 taza de aceite de nuez o de oliva
sal*

1. En un cuenco, mezclar el aceite, el zumo de limón y la sal. Reservar.
2. Lavar a fondo la verdura para ensalada y secarla. Ponerla en una ensaladera.
3. Cortar las aceitunas en dados. Picar las nueces en trozos pequeños. Seguidamente cortar el queso en dados o desmigarlo por completo. Añadir el conjunto a la ensalada.
4. Cubrir la ensalada con la mezcla de aceite y zumo de limón y remover a fondo. Servir inmediatamente.

Rollo de espárragos con queso

Preparación: 45 minutos
Para 4 personas

Ingredientes:

300 g de puntas de espárragos
6 cucharadas de nata líquida
3 huevos
125 g de queso fresco o blanco
150 g de queso gruyère rallado
4 cucharadas de queso parmesano
  rallado
2 cucharadas de mantequilla
2 cucharadas de perejil picado muy fino
4 cucharadas de albahaca picada muy
  fina
1 pizca de pimienta de cayena
sal
papel de horno y papel de aluminio

1. Precalentar el horno a 200 °C. Poner 50 g de queso fresco y la nata en un cuenco y mezclar bien. Separar las yemas de las claras de huevo. Añadir las yemas a la mezcla y batir con un tenedor. Agregar la mitad del queso parmesano, el gruyère, el perejil y la albahaca, un poco de sal y la pimienta de cayena.
2. Batir las claras a punto de nieve hasta que estén firmes y seguidamente incorporarlas a la mezcla anterior, con movimientos envolventes para que no bajen.
3. Cubrir el fondo de un molde rectangular (de 18 x 25 cm aproximadamente) con papel de horno untado con mantequilla y espolvorear con el parmesano restante.
4. Poner la mezcla de queso en el molde y meter al horno durante 12 minutos, hasta que suba y quede firme al tacto. Sacar del horno y desmoldar sobre una hoja de papel de aluminio, con cuidado de que no se rompa. Mantener el horno caliente.
5. Eliminar las fibras duras de los espárragos (con un cuchillo muy afilado o un pelapatatas), lavarlos y cocerlos durante 7 minutos.
6. Cubrir el bizcocho de claras y queso con el queso fresco restante y seguidamente disponer las puntas de espárragos, en filas paralelas a lo ancho.
7. Enrollar el conjunto con cuidado, empezando por el extremo más corto y ayudándose del papel de aluminio para levantarlo. Envolver el rollo así formado en el papel de aluminio y meter al horno durante 10 minutos.
8. Desenvolver el rollo, cortarlo en rodajas y servir inmediatamente.

Suflé de queso

Preparación: 1 hora 15 minutos
Para 4 personas

Ingredientes:

125 g de queso gruyère recién rallado
4 dl de leche, 5 huevos
60 g de harina
50 g de mantequilla
2 cucharadas de mantequilla para el molde
1/2 cucharadita de nuez moscada rallada
sal y pimienta recién molida

1. Llevar la leche a ebullición en un cazo. Retirar del fuego.
2. Preparar una salsa bechamel. Para ello, derretir la mitad de la mantequilla en un cazo, añadir la harina, mezclar y cocer durante 3 minutos. Añadir la leche caliente, poco a poco, removiendo constantemente. Cocer durante 7 minutos aproximadamente y seguidamente agregar la mantequilla restante, cortada en pedazos. Salpimentar y añadir la nuez moscada.
3. Incorporar el queso y mezclar bien. Dejar enfriar. Precalentar el horno a 180 °C. Separar las yemas de las claras y agregar las yemas a la bechamel. Batir las claras a punto de nieve hasta que estén firmes e incorporarlas a la mezcla anterior, con movimientos envolventes para que no bajen.
4. Untar con mantequilla un molde de suflé ovalado de unos 5 cm de profundidad. Poner en él la mezcla de suflé y meter al horno durante 45 minutos. El suflé estará listo cuando haya doblado su volumen. Servir inmediatamente.

Sopa de verdura con albahaca

Preparación: 1 hora
Para 4 personas

Ingredientes:

4 cucharaditas de caldo de verdura en
*   polvo disueltas en 1,5 l de agua*
2 cebollas medianas, 2 dientes de ajo
1 zanahoria grande, 1 patata pequeña
1 tomate grande
100 g de judías verdes picadas muy finas
2 cucharadas de aceite de oliva
3 cucharadas de mantequilla
1 ramita de albahaca
sal y pimienta recién molida

1. Pelar las cebollas y el tomate y picarlos en pedazos pequeños. Pelar la patata y la zanahoria y cortarlas en dados.
2. Derretir la mitad de la mantequilla en una cazuela y rehogar en ella las verduras, junto con las judías verdes, durante 20 minutos.
3. Llevar el caldo a ebullición, añadir la verdura, el ajo machacado, la sal y la pimienta y cocer durante 20 minutos.
4. Picar la albahaca muy fina y mezclarla con el aceite de oliva. Retirar la cazuela del fuego y añadir esta mezcla. Remover y servir inmediatamente.

Sopa hortelana

Preparación: 40 minutos
Para 4 personas

Ingredientes:

1 cucharada de caldo de verdura en polvo
   disuelto en 1 l de agua
150 g de espinacas tiernas frescas
150 g de acelgas
50 g de hojas de apio
2 ramitas de perifollo
2 cebollas, 2 dientes de ajo
4 yemas de huevo
4 cucharadas de aceite de oliva
1 baguette o 4 rebanadas de pan blanco
sal y pimienta recién molida

1. Picar muy finas las espinacas, las acelgas, el apio y el perifollo y añadirlos al caldo, junto con la cebolla picada y el ajo machacado. Llevar a ebullición y cocer a fuego lento durante 20 minutos.
2. En un cuenco, batir las yemas de huevo con un poco de sal, pimienta y 4 cucharadas de caldo.
3. Retirar la cazuela del fuego y ligar la sopa con las yemas. Cocer a fuego lento 10 minutos, hasta que espese, sin que llegue a hervir, removiendo de vez en cuando.
4. Poner una rebanada de pan en cada plato sopero y rociar con 1 cucharada de aceite de oliva. Echar la sopa por encima y servir inmediatamente.

Crema de judías verdes

Preparación: 40 minutos
Para 4 personas

Ingredientes:

3 cucharaditas de caldo de verdura en
   polvo disueltas en 1 l de agua
500 g de judías verdes frescas
1 cebolla
60 g de harina tamizada
1 dl de nata líquida
50 g de mantequilla
1 ramita de perejil
sal y pimienta recién molida

1. Lavar y trocear las judías verdes y dejarlas en remojo en 1 l de agua durante 1 día.
2. Hacer una salsa rubia. Para ello, derretir la mantequilla en un cazo y añadir la harina.
3. En una cazuela amplia, llevar el caldo a ebullición. Salpimentar. Escurrir las judías y añadirlas al caldo junto con la cebolla picada. Agregar la salsa rubia sin dejar de remover.
4. Cocer a fuego lento hasta que las judías estén hechas. Separar un cucharón de judías y triturar el resto. Incorporar las judías reservadas y la nata, espolvorear con el perejil picado y servir inmediatamente.

erduras fritas

Preparación: 45 minutos
Para 4 personas

Ingredientes:

200 g de zanahorias tiernas
200 g de brécol, 200 g de coliflor
100 g de calabacín
2 huevos, 200 g de harina
2 dl de cerveza (tipo pilsen)
1 cucharada de perejil picado
sal y pimienta recién molida

1. Separar las yemas de las claras y mezclar las yemas con la harina y la cerveza hasta conseguir una pasta lisa. Añadir el perejil y salpimentar ligeramente. Dejar reposar durante 1 hora. Batir las claras a punto de nieve hasta que estén firmes e incorporarlas a la pasta con ayuda de una cuchara metálica y con movimientos envolventes para que no bajen.

2. Lavar la verdura. Separar el brécol y la coliflor en ramitos pequeños. Cortar las zanahorias y los calabacines en rodajas finas. Escaldar la verdura en agua hirviendo durante 2 minutos, escurrir y pasar por agua helada. Dejar escurrir y enfriar y seguidamente secar con papel absorbente o con un paño.

3. Calentar el aceite en una freidora hasta que alcance los 180 °C. Bañar las verduras en la pasta y sumergirlas en la freidora de 3 a 5 minutos, hasta que estén doradas. Escurrir sobre papel absorbente y servir junto a salsas variadas para aperitivos.

Paella de verdura

Preparación: 40 minutos
Para 4 personas

Ingredientes:

300 g de arroz
2 cebollas grandes, 2 dientes de ajo
3 tomates grandes, 1 berenjena
1 pimiento verde, 1 pimiento rojo
200 g de zanahorias, 6 hebras de azafrán
5 cucharadas de aceite de oliva
1 pizca de pimienta de cayena
sal y pimienta recién molida

1. Picar las cebollas y el ajo muy finos. Despepitar el pimiento y cortarlo en trozos grandes. Cortar la berenjena en dados. Raspar las zanahorias y cortarlas en rodajas finas.

2. En una cazuela, rehogar la cebolla con el aceite 6 minutos. Añadir el arroz y todas las verduras excepto el tomate. Cocer a fuego lento hasta que el arroz esté transparente.

3. Sumergir las hebras de azafrán en 1/3 de litro de agua hirviendo durante 20 minutos. Lavar los tomates, cortarlos en 4, despepitarlos y cortarlos en dados.

4. Añadir los tomates, el agua con el azafrán, pimienta, sal y pimienta de cayena a la cazuela, mezclar bien y cocer a fuego lento 20 minutos, hasta que el arroz esté cocido. Probar y rectificar el punto de sazonamiento. Servir inmediatamente.

Derecha: Paella de verdura

Pizza de verdura

Preparación: 45 minutos
Para 4 personas (salen dos pizzas)

Ingredientes:

700 g de harina tamizada
30 g de levadura
150 g de queso rallado
8 cebolletas
2 calabacines pequeños
2 zanahorias
4 cucharadas de tomate concentrado
4 dl de agua caliente
8 tomates pelados
1 cucharadita de zumo de limón
1/3 de vaso de vino blanco seco
10 cucharadas de aceite de oliva
4 hojas de albahaca picadas
1 pizca de pimienta de cayena
1/2 cucharadita de sal

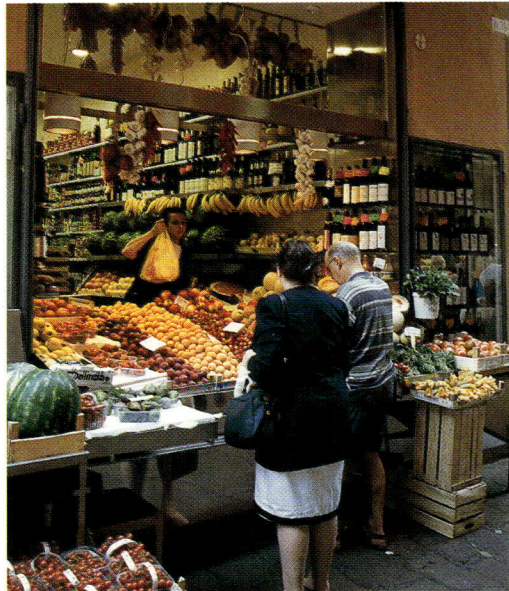

1. Tamizar la harina sobre la superficie de trabajo, formar una montañita y hacer un agujero en el centro. En un cuenco pequeño, disolver la levadura en un poco de agua caliente y dejar fermentar unos minutos.

2. Verter la levadura disuelta, el agua caliente restante y 2 cucharadas de aceite en el hueco de la harina. Mezclar y amasar vigorosamente durante diez minutos sobre la superficie de trabajo espolvoreada con harina.

3. Formar una bola con la masa, cubrirla con un paño y dejar fermentar en un lugar caliente hasta que haya doblado su volumen (40 minutos aproximadamente). Al cabo de este tiempo, amasar una vez más.

4. Dividir la masa en dos partes y estirar ambas con el rodillo. Untar un molde de pizza o de tarta con 1/2 cucharada de aceite y poner en él una de las pizzas. Untarla con 2 cucharadas de aceite y cubrir con la mitad del tomate concentrado. Cortar los tomates en rodajas finas y cubrir la pizza con la mitad de éstas.

5. Cortar las verduras en rodajas finas y rehogarlas en una sartén con 2 cucharadas de aceite. Añadir el vino blanco, la pimienta de cayena, el zumo de limón y un poco de sal. Dejar enfriar.

6. Precalentar el horno a 180 °C. Distribuir la mitad de la verdura sobre la pizza, espolvorear con la mitad del queso rallado y meter al horno durante 20 minutos. Seguidamente preparar la otra pizza de la misma manera.

Fusilli con salsa especiada

Preparación: 45 minutos
Para 4 personas

Ingredientes:

300 g de fusilli
300 g de alubias rojas de lata
75 g de nata líquida
1 cucharadita de caldo de verdura en polvo, disuelto en 1/4 l de agua
1 vaso de vino tinto
1 cebolla, 2 dientes de ajo
1 zanahoria grande, 1 guindilla pequeña
2 cucharadas de tomate concentrado
1 cucharada y media de harina
2 cucharadas y media de aceite de oliva
2 cucharaditas de tomillo
1 pizca de pimienta de cayena, sal

1. Pelar la cebolla y picarla muy fina. Raspar y lavar la zanahoria y cortarla en rodajas finas. Cortar la guindilla por la mitad, despepitarla y picarla muy fina. Machacar los dientes de ajo sobre la guindilla y añadir un poco de sal.

2. Calentar 2 cucharadas de aceite en una cazuela y rehogar la cebolla y la zanahoria. Seguidamente añadir la guindilla, el tomate concentrado, la harina, el caldo y el vino y cocer a fuego lento durante 10 minutos.

3. Pasar las alubias por agua, escurrirlas y añadirlas a la cazuela junto con la nata, el tomillo y la cayena.

4. Llevar 2 litros de agua a ebullición con sal y 1 cucharadita de aceite de oliva. Añadir la pasta y cocerla hasta que esté «al dente» (ligeramente dura). Escurrir y mezclar con la verdura. Servir inmediatamente.

Cintas de verdura al pesto

Preparación: 20 minutos
Para 4 personas

Ingredientes:

1/2 bulbo de hinojo
200 g de zanahorias, 3 calabacines
1 diente de ajo, 30 g de piñones
30 g de queso parmesano rallado
5 cucharadas de aceite de oliva
8 hojas de albahaca
sal y pimienta recién molida

1. Para hacer el pesto, majar el ajo, los piñones, la albahaca, el queso y un poco de aceite hasta conseguir una pasta homogénea. Añadir el aceite restante, poco a poco.

2. Lavar la verdura y cortarla en tiras con ayuda de un pelador de verdura.

3. Llevar a ebullición 1 cm de agua y sumergir las zanahorias y el hinojo. Al cabo de 3 minutos añadir los calabacines y dejar cocer otros 2 minutos. Poner inmediatamente en un escurridor y seguidamente en una fuente. Añadir el pesto y salpimentar ligeramente. Servir acompañado de patatas cocidas.

spaguetis con huevo y pesto

Preparación: 1 hora
Para 4 personas

Ingredientes:

400 g de espagueti
2 o 3 l de agua
100 g de queso parmesano rallado
4 huevos cocidos
50 g de piñones
2 dientes de ajo
5 cucharadas de aceite de oliva
50 g de hojas de albahaca
sal y pimienta recién molida

1. Para hacer la salsa pesto, majar las hojas de albahaca, al ajo, los piñones y 2 cucharadas de aceite. Añadir 2 cucharadas de queso parmesano y 1 cucharada de aceite y seguir majando. Repetir la operación hasta que no quede más que la mitad del parmesano y 1 cucharada de aceite. Añadir un poco de sal y pimienta. Mezclar con fuerza y dejar reposar durante 1 hora aproximadamente.

2. Poner el pesto al baño María. Aplastar los huevos cocidos con un tenedor.

3. Llevar el agua a ebullición y añadir 1 cucharadita y media de sal. Esperar que la sal se disuelva (unos 2 minutos) e incorporar los espaguetis de una sola vez. Empujar los extremos que sobresalen con una cuchara de madera a medida que se van ablandando los que están sumergidos. Sin dejar de remover, añadir 1 cucharada de aceite, para evitar que la pasta se pegue. El tiempo de cocción varía según la marca de la pasta; verificar el punto de cocción de vez en cuando. Los espaguetis «al dente» quedan ligeramente duros. La pasta cocida en exceso queda pegajosa.

4. Poner los espaguetis en un escurridor brevemente (no más de 10 segundos), para evitar que se sequen. Echarlos en una fuente amplia, añadir el pesto y seguidamente los huevos cocidos aplastados. Servir inmediatamente con el parmesano restante aparte.

Tortilla de espaguetis y verdura

Preparación: 30 minutos
Para 4 personas

Ingredientes:

150 g de espaguetis
6 huevos
100 g de queso parmesano o gruyère rallado
1 pimiento rojo pequeño
1 cebolla pequeña

8 tomatitos cereza o 1 tomate grande
1 calabacín pequeño
1 zanahoria
1/2 pastilla de caldo de verdura disuelta en medio vaso de agua
1 cucharada de cebollino picado
aceite de oliva
sal y pimienta recién molida

Derecha: Tortilla de espaguetis y verdura

1. Picar la cebolla muy fina, cortar el pimiento y la zanahoria en tiras, cortar los tomates y el calabacín en dados. Calentar 2 cucharadas de aceite en una sartén y rehogar la cebolla, el pimiento y la zanahoria. Añadir el caldo y los tomates y cocer brevemente. Tirar el agua sobrante y mantener la verdura caliente.

2. Partir los espaguetis. Llevar 1 litro de agua a ebullición, añadir 1 pizca de sal y 1 cucharadita de aceite. Al cabo de 2 minutos, añadir los espaguetis y cocerlos hasta que estén «al dente». Escurrirlos y ponerlos en una fuente. Batir los huevos, añadir sal y pimienta e incorporarlos a los espaguetis.

3. Hacer 4 tortillas y mantenerlas calientes en el horno. Repartir la verdura sobre las tortillas, espolvorear con cebollino picado y doblarlas por la mitad.

Gratén de tallarines con espárragos

Ingredientes:

400 g de tallarines, 1 kg de espárragos
300 g de queso fresco (tipo ricotta,
  requesón, etc.)
125 g de parmesano rallado, 3 huevos
1/2 pastilla de caldo de ave disuelta en
  1/2 vaso de agua
125 g de mantequilla
1 cucharada de aceite de oliva virgen
sal y pimienta recién molida

Preparación: 30 minutos
Para 4 personas

1. Pelar los espárragos, limpiarlos y trocearlos. Rehogarlos en mantequilla (un pedazo grande) 15 minutos. Añadir un poco de caldo, salpimentar y seguir cociendo a fuego lento durante 10 minutos. Mezclar el queso fresco y el aceite de oliva.

2. Poner a hervir 2 l de agua con un poco de sal, añadir los tallarines y cocerlos 2 minutos como máximo (quedan a medio cocer). Escurrirlos brevemente y mezclarlos con la mantequilla restante y la mitad del parmesano. Precalentar el horno a 180 °C.

3. Untar una fuente de horno con mantequilla y poner una capa de tallarines, seguida de una capa de espárragos y una de queso fresco. Repetir la operación, terminando con una capa de tallarines.

4. Batir los huevos, agregar el queso restante y verterlos sobre la pasta. Añadir un poco de pimienta y meter al horno durante 20 minutos.

Verdura marinada

Ingredientes:

250 g de patatas, 250 g de cebolletas
250 g de tomates, 250 g de judías verdes
4 pimientos rojos grandes
2 dientes de ajo
2 cucharaditas de caldo de verdura en
  polvo, disueltas en 1/4 l de agua
2 cucharaditas de tomillo
8 hojas de albahaca
1 pizca de pimienta de cayena y sal

Preparación: 45 minutos
Para 4 personas

1. Cortar las patatas peladas en 4. Lavar las judías verdes y trocearlas. Lavar las cebolletas y cortarlas en aros. Cortar los tomates en 4 y despepitarlos. Cortar los pimientos por la mitad, despepitarlos y cortarlos en tiras de unos 4 cm. Picar el ajo muy fino. Lavar la albahaca.

2. En una cazuela, poner las patatas, la judías verdes, las cebolletas, los tomates, los pimientos, el ajo y el caldo. Sazonar con tomillo, sal y pimienta de cayena. Tapar y cocer a fuego lento hasta que las patatas estén hechas (30 minutos aprox.). Mezclar bien y cocer otros 2 minutos.

3. Dejar enfriar la verdura, distribuirla en los platos y decorar con hojas de albahaca.

Setas con tomate

Preparación: 35 minutos
Para 4 personas

Ingredientes:

400 g de pleurotos (hongos)
400 g de champiñones
3 dientes de ajo, 4 tomates
3 rebanadas pequeñas de pan
4 cucharadas de zumo de limón
5 cucharadas de aceite de oliva
un poco de romero fresco
1 cucharadita de tomillo
1 pizca de pimienta de cayena
sal y pimienta recién molida

1. Cepillar los champiñones y los pleurotos, pasarlos rápidamente por agua fría y cortar los pies. Cortar el pan en dados. Picar los dientes de ajo. Lavar los tomates, cortarlos por la mitad, despepitarlos y partirlos en rodajas.
2. Calentar 2 cucharadas de aceite en una sartén grande (o en 2 sartenes medianas), incorporar los champiñones, tapar y rehogar 2 minutos. Salpimentar ligeramente. Agregar los dados de pan y rehogar hasta que estén dorados. Seguidamente añadir los tomates, tapar y cocer a fuego lento 3 minutos. Poner en una fuente precalentada y tapar para mantener caliente.
3. En una sartén, poner el zumo de limón con el aceite restante, el romero, el tomillo y el ajo picado. Sazonar con la pimienta de cayena y mezclar. Calentar rápidamente hasta que esté tierno y verter sobre los champiñones. Servir inmediatamente.

Calabacines y tomates rellenos

Preparación: 45 minutos
Para 4 personas

Ingredientes:

2 calabacines pequeños, 4 tomates
4 dientes de ajo, 6 huevos cocidos
8 rebanadas de pan fresco, o 4 de pan del día anterior
6 cucharadas de aceite de oliva
una ramita de perejil
sal y pimienta recién molida

1. Lavar los tomates y los calabacines. Cortar los tomates por la mitad a lo ancho, despepitarlos y vaciarlos ligeramente. Cortar los calabacines por la mitad en sentido longitudinal, vaciarlos y sumergirlos en agua hirviendo con un poco de sal 3 minutos.
2. Aplastar muy bien los huevos cocidos con un tenedor. Lavar el perejil, picarlo muy fino y añadirlo a los huevos, junto con el ajo machacado, sal y pimienta.
3. Cortar el pan en dados. Poner 1 cucharada de aceite en un plato, echar los dados de pan y mezclar hasta que hayan absorbido todo el aceite. Incorporarlos a la mezcla anterior y rellenar los tomates y los calabacines. Precalentar el horno a 180 °C.
4. Poner el aceite en una fuente de horno. Disponer en ella la verdura rellena y meter al horno durante 40 minutos. Servir caliente o frío.

Derecha: Calabacines y tomates rellenos

uiche de puerros y queso

Preparación: 50 minutos
Para 4 personas

Ingredientes:

1 kg de puerros
250 g de harina
3 huevos, 2 dl de nata líquida
100 g de queso gruyère rallado

1 manojo de perejil, 1 diente de ajo
150 g de mantequilla fría
2 cucharadas de mantequilla a
   temperatura ambiente
4 cucharadas de aceite de oliva
sal y pimienta recién molida

1. Tamizar la harina sobre la superficie de trabajo y añadir una pizca de sal. Incorporar la mantequilla fría cortada en trocitos y 1 huevo batido. Trabajar rápidamente con las manos frías o en un robot de cocina, sin amasar en exceso. Formar una bola, cubrirla con un paño y meterla al frigorífico durante 1 hora aproximadamente.
2. Limpiar los puerros, cortarlos en aros y lavarlos con abundante agua fría. Calentar el aceite en una cazuela y rehogar en él el ajo machacado. Añadir los puerros y cocer a fuego lento 5 minutos. Escurrir y dejar enfriar. Precalentar el horno a 200 °C.
3. Lavar el perejil, secarlo y picarlo muy fino. Incorporarlo a los puerros y salpimentar. Batir los huevos restantes junto con la nata. Agregar el queso y salpimentar.
4. Amasar brevemente la masa sobre la superficie de trabajo espolvoreada con harina y estirarla con un rodillo, dando forma redonda. Untar un molde con las 2 cucharadas de mantequilla y forrarlo con la masa estirada. Apretar ligeramente y cortar la masa sobrante. Poner los puerros en el molde y seguidamente la mezcla de huevos, nata y queso. Meter al horno durante 40 minutos, hasta que la quiche esté dorada.

Quiche de brécol, coliflor y queso

Preparación: 50 minutos
Para 4 personas

Ingredientes:

300 g de coliflor, 300 g de brécol
250 g de harina
4 huevos
2 dl de nata líquida
200 g de queso gruyère rallado

3 cucharadas de perejil picado
1 cucharada de pan rallado
150 g de mantequilla fría
2 cucharadas de mantequilla a
   temperatura ambiente
nuez moscada
sal y pimienta recién molida

1. Tamizar la harina sobre la superficie de trabajo y añadir una pizca de sal. Incorporar la mantequilla fría cortada en trocitos y 1 huevo batido. Trabajar rápidamente, con las manos frías o en un robot de cocina, sin amasar en exceso. Formar una bola, cubrirla con un paño y meterla al frigorífico durante 1 hora aproximadamente.

Derecha: Pastel de brécol, coliflor y queso

2. Limpiar el brécol y la coliflor y cortarlos en floretes pequeños (los tallos se pueden guardar para hacer una sopa). En una cazuela, llevar a ebullición 2 dl de agua con un poco de sal y escaldar la verdura durante 5 minutos. Escurrir y pasar por agua fría. Precalentar el horno a 200 °C.

3. Estirar la masa con un rodillo, dando forma redonda. Untar un molde de tarta de 28 cm aproximadamente con las 2 cucharadas de mantequilla y forrarlo con la masa estirada. Apretar ligeramente y cortar la masa sobrante. Espolvorear la masa con pan rallado y disponer una capa de coliflor y de brécol. Espolvorear con el perejil picado.

4. Batir los huevos restantes, añadir la nata y el queso. Sazonar con sal, pimienta y nuez moscada. Batir bien y verter sobre la verdura. Meter al horno durante 40 minutos aproximadamente, hasta que la quiche esté dorada.

Calabacines con salsa de queso y nueces

Preparación: 1 hora
Para 4 personas

Ingredientes:

4 calabacines medianos
600 g de patatitas
20 g de harina
50 g de nueces
1 cucharadita de caldo de verdura en
  polvo, disuelto en 1/8 l de agua
1/4 l de leche entera
100 g de nata líquida
100 g de queso gruyère rallado
2 cucharadas de aceite de oliva
4 ramitas de cebollino picadas
1 pizca de pimienta de cayena
sal y pimienta negra recién molida

1. Precalentar el horno a 250 °C. Lavar los calabacines y cortarlos, en sentido longitudinal, en rodajas de 1 cm. Disponer las rodajas sobre una placa de horno untada con aceite, rociar con un poco de aceite y añadir sal. Meter al horno, a media altura, durante 15 minutos.
2. Lavar bien las patatitas, sin pelar, y cocerlas durante 15 minutos aproximadamente. Tirar el agua y poner de nuevo al fuego hasta que se evapore el agua sobrante.
3. Calentar la harina en el horno durante 3 minutos y seguidamente ponerla en una sartén. Incorporar la leche y el caldo, remover y llevar a ebullición hasta conseguir una salsa cremosa y lisa. Bajar el fuego y añadir el queso y la nata. Una vez que el queso se haya disuelto, sazonar con sal, pimienta negra y pimienta de cayena.
4. Trocear las nueces y agregarlas a la salsa junto con el cebollino.
5. Disponer los calabacines y las patatas en los platos y cubrir con la salsa.

Verdura con especias

Preparación: 40 minutos
Para 4 personas

Ingredientes:

4 tomates, 1 coliflor pequeña
150 g de judías verdes
150 g de champiñones
1 bulbo de hinojo
1 cebolla, 2 dientes de ajo
3 cucharadas de aceite de oliva
1 cucharada de semillas de cilantro
  machacadas
3 hojas de albahaca
1 pizca de pimienta de cayena
sal y pimienta negra recién molida

1. Cortar el hinojo en rodajas y picar la cebolla. Calentar el aceite en una cazuela amplia y rehogar ambas cosas, tapadas, 5 minutos. Añadir el ajo picado muy fino y rehogar durante otro minuto aproximadamente.
2. Agregar las semillas de cilantro. Pelar y despepitar los tomates, picarlos muy finos

y añadirlos a la cazuela. Cocer unos 15 minutos sin tapar, para que el agua de los tomates se evapore. Añadir los champiñones cortados por la mitad y seguir cociendo durante 4 minutos.

3. En otra cazuela, llevar a ebullición 2 vasos de agua. Limpiar las judías verdes y cortar la coliflor en floretes pequeños. Cocer ambas cosas en el agua hirviendo durante cuatro minutos. Escurrir y pasar por agua fría. Dejar enfriar.

4. Incorporar las judías y la coliflor a la mezcla anterior, espolvorear con pimienta de cayena, salpimentar y mezclar bien. Distribuir la verdura en 4 platos y espolvorear con la albahaca picada. Este plato puede servirse caliente o frío.

Pastel de verdura

Preparación: 1 hora y media
Para 4 personas

Ingredientes:

4 calabacines pequeños, 4 cebolletas
100 g de champiñones
1 pimiento, 4 tomates
2 huevos
100 g de queso gruyère rallado
5 cucharadas de nata líquida
5 cucharadas de leche entera
150 g de harina
1/2 cucharadita de levadura en polvo
1 cucharadita de zumo de limón
6 cucharadas de mantequilla
4 cucharadas de aceite de oliva
1 cucharada de tomillo, nuez moscada
1 pizca de pimienta de cayena, sal

1. Lavar los calabacines, el pimiento y los tomates. Cortarlos por la mitad, despepitarlos y cortarlos en pedazos gruesos. Pelar las cebolletas, pasarlas por agua y cortarlas en aros, conservando parte del tallo. Cepillar los champiñones y pasarlos por agua fría. Rehogar el conjunto, tapado, en 2 cucharadas de aceite.
2. Batir los huevos y sazonarlos con sal, nuez moscada, tomillo y pimienta de cayena. Derretir la mantequilla y añadirla a los huevos batidos junto con el zumo de limón y la nata. Batir brevemente con unas varillas. En un cuenco pequeño, mezclar la leche, la harina y la levadura y verter sobre la mezcla de huevos. Mezclar bien. Precalentar el horno a 180 °C.
3. Untar con mantequilla un molde de fondo desmontable de 25 cm de diámetro aprox., poner en él la preparación anterior y seguidamente la verdura rehogada. Espolvorear con el queso rallado y meter al horno 1 hora. Apagar el horno y dejar enfriar el pastel durante 15 minutos, con la puerta entreabierta. Para servir, poner el pastel en una fuente amplia.

Tortilla de verdura y queso

Preparación: 20 minutos
Para 4 personas

Ingredientes:

8 huevos frescos
1 diente de ajo, 1 pimiento rojo
200 g de champiñones
100 g de guisantes
8 cucharadas de queso gruyère rallado
5 cucharadas de aceite de oliva
1 nuez de mantequilla
sal y pimienta negra recién molida

1. Cortar el pimiento por la mitad y despepitarlo. Cortarlo en pedazos grandes y rehogarlos 5 minutos en 2 cucharadas de aceite. Añadir los champiñones troceados y 1 cucharada de aceite. Salpimentar ligeramente.

Derecha: Tortilla de verdura y queso

2. Cocer los guisantes, escurrirlos y añadir la mantequilla. Mezclar hasta que la mantequilla se disuelva y agregarlos a la verdura restante. Si es necesario, añadir varias cucharadas de agua. Machacar el ajo sobre la verdura y mantenerla caliente.
3. Batir los huevos y salpimentarlos. Calentar 2 cucharadas de aceite en una sartén grande y verter en ella los huevos, formando una capa uniforme. Con una espátula de madera, llevar los bordes de la tortilla hacia el centro y la parte líquida del huevo hacia los bordes, hasta que la tortilla esté cuajada, pero no seca (debe quedar jugosa). Espolvorear con la mitad del queso rallado, cubrir con la verdura y terminar con el queso restante. Doblar la tortilla y servir inmediatamente.

Croquetas de arroz

Preparación: 50 minutos
Para 4 personas

Ingredientes:

400 g de arroz
100 g de guisantes de lata
1 cebolla
100 g de harina
200 g de pan rallado
2 huevos + 5 huevos
2 cucharadas de tomate concentrado
2 dl de salsa de tomate
2 cebollas medianas
2 dl de vino blanco seco
250 g de queso parmesano rallado
1 l de agua
2 cucharadas de aceite de oliva
aceite para freír
pimienta de cayena
sal

1. Llevar el agua a ebullición en una cazuela amplia. Echar el arroz, tapar y cocer a fuego lento hasta que haya absorbido casi toda el agua. Retirar del fuego. Mezclar el arroz con 2 huevos y 50 g de queso rallado. Sazonar con sal y una pizca de pimienta de cayena y volver a mezclar. Poner el arroz sobre una placa de horno y reservar en un lugar fresco.

2. Calentar el aceite de oliva en una sartén y rehogar en él las cebollas picadas. Añadir el tomate concentrado, el vino y la salsa de tomate y cocer a fuego lento hasta que espese (10 minutos aprox.). Retirar del fuego y agregar los guisantes y el queso restante. Poner esta mezcla en un plato o fuente y reservar en un lugar fresco.

3. Poner la harina en una fuente. Cascar los otros 5 huevos en un plato hondo y batirlos. Poner el pan rallado en otro plato hondo.

4. Formar una bola de arroz del tamaño de un huevo en la palma de la mano. Con ayuda de un dedo, hacer un agujero pequeño y rellenarlo con una cucharada de la mezcla de tomate y guisantes. Cerrar la bola de arroz, hacerla rodar sobre la superficie de trabajo y seguidamente pasarla por harina, huevo batido y pan rallado. Ponerla sobre una rejilla, en un lugar fresco. Repetir la operación hasta terminar la masa y el relleno.

5. En una cazuela, calentar 8 cm de aceite aproximadamente hasta que, al introducir un pedacito de pan, éste se dore en 30 segundos. Con ayuda de un espumadera, sumergir una cuarta parte de las croquetas en el aceite y dejar que se doren (más o menos 5 minutos). Seguidamente sacarlas con la espumadera y depositarlas sobre papel absorbente para eliminar el exceso de grasa. Mantenerlas calientes en el horno a 120 °C. Repetir la operación con las croquetas restantes.

6. Para servir, disponer las croquetas en una fuente con diversos tipos de verduras para ensalada (lechuga, escarola, hojas de roble, etc.) cortadas en tiras. Servir inmediatamente, acompañado, si se desea, de salsas para aperitivos. Un vino blanco seco es el acompañamiento ideal para este delicioso plato.

Ensalada nizarda

Preparación: 40 minutos
Para 4 personas

Ingredientes:

4 huevos cocidos
150 g de queso (emmental u otro queso de sabor fuerte)
1 lechuga de hoja de roble o de otra variedad
5 tomates, 1 pepino
50 g de aceitunas (verdes o negras)

2 pimientos amarillos o rojos
200 g de habas frescas
6 cebolletas
2 dientes de ajo
1 cebolla
2 cucharadas de vinagre
6 cucharadas de aceite de oliva
6 hojas de albahaca
sal y pimienta negra recién molida

1. Lavar los tomates y cortarlos en rodajas anchas. Pelar los huevos cocidos y cortarlos en 4 trozos. Lavar la lechuga y cortar las hojas en tiras finas. Pelar el pepino y cortarlo en rodajas finas. Lavar los pimientos, cortarlos por la mitad, eliminar las pepitas y las membranas y cortarlos en tiras. Lavar las habas, escaldarlas en agua hirviendo y dejar enfriar. Pelar los dientes de ajo y picarlos muy finos. Lavar la hojas de albahaca y cortarlas muy finas. Trocear las cebolletas y pasarlas por agua fría. Pelar la cebolla y picarla. Cortar el queso en dados.

2. Machacar el ajo en un cuenco pequeño, añadir el vinagre, el aceite de oliva y la albahaca y mezclar. Sazonar con un poco de sal y pimienta negra.

3. Poner todos los ingredientes de la ensalada en un cuenco amplio y mezclar suavemente. Rociar con la vinagreta y decorar con las aceitunas. Antes de servir, meter al frigorífico durante 30 minutos.